NOUVEL ALPHABET
OU
INSTRUCTION CHRÉTIENNE

Pour apprendre à lire aux Enfans.

Avec permission de Monseigneur l'Evêque de Soissons, en date du 26 mai 1811.

A Saint-Quentin,
Chez F. Fouquier-Plomion.

1813.

 A b c d e f g
h i j k l m n o
p q r s ſ t u v x y z &.

✠ A a B b C c D d E e f F
G g H h I i K k L l M m N n
O o P p Q q R r S s ſ T t U u
V v X x Y y Z z.

✠ *Aa Bb Cc Dd Ee Ff Gg Hh
Ii Kk Ll Mm Nn Oo Pp Qq
Rr Ss Tt Uu Vv Xx Yy Zz &.*

ba　　be　　bi　　bo　　bu
ca　　ce　　ci　　co　　cu

(4)

da	de	di	do	du
fa	fe	fi	fo	fu
ga	ge	gi	go	gu
ha	he	hi	ho	hu
ja	je	ji	jo	ju
la	le	li	lo	lu
ma	me	mi	mo	mu
na	ne	ni	no	nu
pa	pe	pi	po	pu
qua	que	qui	quo	quu
ra	re	ri	ro	ru
ſa	ſe	ſi	ſo	ſu
ta	te	ti	to	tu
va	ve	vi	vo	vu
xa	xe	xi	xo	xu
za	ze	zi	zo	zu

bab	beb	bib	bob	bub
bac	bec	bic	boc	buc
bad	bed	bid	bod	bud
bla	ble	bli	blo	blu
bra	bre	bri	bro	bru
chra	chre	chri	chro	chru
cla	cle	cli	clo	clu
dra	dre	dri	dro	dru
fla	fle	fli	flo	flu
fra	fre	fri	fro	fru
gla	gle	gli	gio	giu
gna	gne	gni	gno	gnu
gua	gue	gui	guo	guu
pla	ple	pli	plo	plu
pra	pre	pri	pro	pru
ſpa	ſpe	ſpi	ſpo	ſpu

sta	ste	sti	sto	stu
tla	tle	tli	tlo	tlu
tra	tre	tri	tro	tru
vra	vre	vri	vro	vru

L'Oraison Dominicale.

Notre Père, qui êtes dans les Cieux, que vo-tre Nom soit sanc-ti-fié Que vo-tre rè-gne ar-ri-ve. Que vo-tre vo-lon-té soit fai-te en la ter-re com-me au Ciel. Don-nez-nous au-jour-d'hui no-tre pain de cha-que jour. Et par-don-nez-nous nos of-fen-ses, com-me nous par-don-nons à ceux qui nous ont of-fen-sé Et ne nous laif-fez pas fuc-com-ber à la ten-ta-tion. Mais dé-li-vrez-nous du mal Ain-fi foit-il.

La Salutation Angélique.

JE vous sa-lue, Ma-rie, plei-ne de gra-ce, le Sei-gneur eft avec vous; vous êtes bé-nie en-tre tou-tes les fem-mes, & Je-fus le fruit de vos en-trail-les eft bé-ni. Sain-te Ma-rie, me-re de Dieu, priez pour nous pau-vres pé-cheurs, main-te-nant à l'heu-re de no-tre mort. Ainfi foit-il

Le Symbole des Apôtres.

JE crois en Dieu le Pè-re tout-Puis-sant, Cré-a-teur du Ci-el & de la ter-re. Et en Je-sus Christ son fils u-ni-que, no-tre Sei-gneur. Qui a été con-çu du Saint Es-prit, & est né de la Vi-er-ge Ma-rie. Qui a souf-fert sous Pon-ce Pi-la-te, a été cru-ci-fi-é, est mort, & a été en-se-ve-li. Qui est des-cen-du aux en-fers, & le troi-si-è-me jour est res-sus-ci-té des morts. Qui est mon-té aux Ci-eux, & est as-sis à la droi-te de Dieu le Pè-re Tout-Puis-sant. Et qui de-là vien-dra ju-ger les vi-vans & les morts.

Je crois au Saint-Es-prit.

La sain-te E-gli-se Ca-tho-li-que.

La Com-mu-nion des Saints.

La Ré-mis-sion des pé-chés.

La Ré-sur-rec-tion de la chair.

La vie éternelle. Ainsi soit-il.

La Confession des péchés.

JE me con-fes-se à Dieu Tout-Puis-sant à la bien-heu-reuse Marie tou-jours Vier-ge à saint Mi-chel Ar-chan-ge, à saint Jean-Bap-ti-ste, aux A-pô-tres ſaint Pier-re & ſaint Paul, à tous les Saints, par ce que j'ai beaucoup péché par penſées, par paroles & par actions. J'ai péché par ma faute, par ma faute, par ma très grande faute, c'eſt pourquoi je ſupplie la bienheureuſe Marie toujours Vierge, ſaint Michel archange, ſaint Jean-Baptiſte les Apôtres ſaint Pierre & ſaint Paul, & tous les Saints, de prier pour moi le Seigneur notre Dieu.

Prieres avant le Repas.

O Dieu, qui nous préſentez les biens néceſſaires

pour nour-rir no-tre corps; dai-gnez y ré-pan dre vo-tre sain-te bé-né-dic-tion et nous fai tes la gra-ce d'en u-ser so-bre-ment. Au ☩ nom du Pè-re et du Fils, et du Saint-Es-prit.

Ain-si soit-il.

Action de grâce après le Repas.

SEi-gneur, nous vous ren-dons nos très-humbles ac-tions de gra-ce, des biens que vous nous a-vez don-né pour la nour-ri-tu-re de no-tre corps, qu'il vous plai se de nour-rir aussi no-tre A-me de vo-tre gra-ce dans l'es-pé-ran-ce de la vie é-ter-nel-le. Par Je-sus-Christ no-tre Sei-gneur. Ain-si soit-il.

Que les A-mes de nos Pa-rens, de nos A-mis, & de tous les Fi-dè-les qui sont morts re-po-sent en paix, par la mi-sé-ri-cor-de de Dieu.

Les dix Commandemens de Dieu.

UN seul Dieu tu adoreras,
Et aimeras parfaitement
Dieu envain tu ne jureras
Ni autre chose pareillement.
Les Dimanches tu garderas,

En servant Dieu dévotement,
Père et Mère honoreras,
Afin que tu vives longuement.
Homicide point ne feras,
De fait ni volontairement.
Luxurieux point ne feras,
De corps ni de consentement.
Le bien d'autrui tu ne prendras,
Ni retiendras sciemment,
Faux témoignage ne diras
Ni mentiras aucunement.
L'œuvre de chair ne desireras
Qu'en mariage seulement.
Biens d'autrui ne convoiteras,
Pour les avoir injustement.

Les Commandements de l'Eglise.

Les Fêtes tu sanctifieras,
Qui te sont de commandement.

Dimanches & Fêtes Messes ouïras.

En servant Dieu dévotement.
Quatre-Tems Vigiles jeûneras,
Et le Carême entierement.

Tous tes péchés confesseras,
A tout le moins une fois l'an.

Et ton Créateur recevras,
au moins à Pâques humblement

Vendredi chair ne mangeras,
Ni le Samedi mêmement.

Devoirs des Enfans envers leurs Pere et Mere.

1. Les Enfans doivent honorer leurs Pere et Mere, en tout âge & en tout état.

2. Ils doivent leur obéïr en toutes choses, où Dieu n'est point offensé.

3. Ils doivent les aimer & les respecter aussi bien dans les chatimens que dans les caresses.

4. Ils doivent éviter avec grand soin de les attrister, ou de les mettre en colère.

5. Ils doivent les assister dans leur pauvreté, jusqu'à tout vendre pour cela.

6 Ils doivent après leur mort prier & faire prier Dieu pour le répos de leurs Ames, & exécuter ponctuellement leurs dernières volontés.

Saint Paul aux Ephéſiens. ch. 9.

Honorez votre Père et votre Mère : c'eſt là le premier Commandement auquel Dieu a attaché une promesse de récompenſe pour ceux qui l'obſerveront ; qui eſt qu'ils feront heureux & vivront long-temps ſur la terre.

COURTES PRIERES
DURANT LA MESSE,
A L'USAGE DES ENFANS.

En entrant dans l'Eglise.

Que ce lieu eſt terrible & vénérable ; c'eſt ici la maiſon de Dieu & la porte du Ciel : faites, Seigneur, que je ſois dans le reſpect, & que je tremble à la vue de votre Sanctuaire.

En prenant de l'Eau-bénite.

Mon Dieu, répandez en moi l'eau de votre grace, pour me

purifier de plus en plus, afin que les adorations que je viens vous présenter, vous soient agréables

Avant que la Messe soit commencée.

Je viens, ô mon Dieu, pour assister au saint Sacrifice ; donnez-moi votre grace, afin que j'y assiste avec une foi vive, un amour ardent & une humilité profonde.

Pendant que le Prêtre est au bas de l'Autel,

J'ai péché, ô mon Dieu, je ne suis pas digne de lever les yeux au Ciel, ni de regarder votre Autel pour vous adorer, mais que tous les Saints vous prient pour moi. Je vous demande grace, ô Dieu Tout-Puissant faites-moi miséricorde, & m'accordez le pardon de mes péchés, par Jesus-christ notre Seigneur.

Quand le Prêtre est monté à l'Autel.

Pere céleste, qui êtes Dieu, ayez pitié de nous. Fils Rédempteur du monde, qui êtes Dieu, ayez pitié de nous. Esprit-Saint, qui êtes Dieu, ayez pitié de nous.

Au Gloria in excelsis.

Je vous adore, ô Pere céleste, vous êtes le souverain Seigneur le Roi du Ciel, le Dieu Tout-Puissant. Je vous adore aussi, ô Jesus mon Sauveur : vous êtes le seul Saint, le seul Seigneur, le seul Très-Haut, avec le Saint-Esprit, en la gloire de Dieu le Père.

Pendant les Oraisons.

Dieu Tout-Puissant, faites nous la grace d'avoir l'esprit tellement rempli de saintes pensées, que toutes nos paroles & nos actions ne tendent qu'à vous plaire, par Jesus-Christ notre Seigneur.

A l'Epître.

Faites-moi ô mon Dieu, la

grace d'aimer votre sainte parole d'en apprendre les vérités, & d'en pratiquer les préceptes, dès mon enfance.

A l'Evangile.

Seigneur, bénissez mon esprit, ma bouche & mon cœur, de sorte que mes pensées, mes paroles et mes actions soient réglées par votre Evangile, & que je sois toujours prêt à marcher dans la voie des saints commandemens qu'il contient.

Au Credo.

Augmentez ma foi, Seigneur, rendez-la agissante par la charité, & faites-moi la grace de vous être fidèle jusqu'à la mort, afin que je reçoive la couronne de vie.

A l'Offrande.

O Dieu, qui dites dans votre parole : Donnez-moi votre cœur je vous offre le mien, en même tems que le Prêtre vous offre ce Pain et ce Vin : Je vous offre aussi mon corps ; faites que ce corps et cette ame soient une Hostie vivante, sainte et agréable à vos yeux.

Lorsque le Prêtre lave ses mains.

Lavez-moi, Seigneur, dans le Sang de l'Agneau sans tâche

pour effacer de mon corps & de mon ame les moindres tâches du péché.

A l'Orate fratres.

Que le Seigneur veuille recevoir ce saint Sacrifice pour sa gloire, pour mon salut & pour l'utilité de toute son Eglise.

A la Préface.

Elevez, Seigneur, mon cœur au Ciel, afin que je vous y adore avec les Anges en disant comme eux : Saint, Saint, Saint, le Seigneur, le Dieu des Armées : les Cieux & la terre sont remplis de la majesté de votre gloire

Après le Sanctus.

Mon Dieu, défendez votre Eglise contre tous ses ennemis visibles & invisibles : conduisez par votre grace notre saint Père le Pape, Monseigneur notre Evêque, & les autres Pasteurs à qui vous avez confié le soin des Ames : bénissez mes Parens, mes Bienfaiteurs & mes amis, & particuliérement N. (*Il faut ici penser aux Personnes pour qui on est obligé de prier*).

Avant la Consécration.

Nous vous prions, Seigneur, que votre juste colère étant pa-

paisée; vous receviez favorablement l'offrande que nous allons vous présenter: donnez-nous la paix pendant le reste de nos jours, & nous mettrez au nombre de vos Elus.

A l'Elévation de la Ste. Hostie.

C'est là votre Corps, ô mon divin Sauveur; je le crois, parce que vous l'avez dit; j'adore ce Corps sacré avec une humilité profonde, je l'offre à votre Père pour mon salut.

A l'Elévation du sacré Calice.

C'est-là votre Sang, ô mon Dieu, ce Sang adorable qui a été répandu pour la rémission de mes péchés, que je fois aussi toujours prêt de répandre le mien pour votre gloire.

Après l'Elévation.

Faites-moi la grace, ô mon Dieu, de me souvenir toujours que ce corps sacré qui est maintenant présent sur l'Autel, a été livré à la mort, & que ce divin Sang qui est dans le précieux Calice, a été répandu pour mon salut, afin que je vous serve toute ma vie avec ardeur: souvenez vous aussi de cette mort, afin que vous me pardonniez mes péchés avec miséri-

Au Memento des Morts.

Souvenez-vous, Seigneur, de vos serviteurs et de vos servantes qui sont morts dans la foi et qui dorment du sommeil de la paix et particuliérement de N. (Il faut ici penser aux morts pour qui on est obligé de prier.)

Pardonnez-leur, ô mon Dieu le reste de leur péchés, et leur accordez votre saint Paradis, afin qu'ils se reposent parfaitement de leurs travaux et de leurs peines.

A Nobis quoque peccatoribus.

Seigneur, ayez pitié de moi

qui suis un misérable pécheur, & daignez, nonobstant mon indignité, m'accorder un repos éternel avec tous vos Saints.

A la seconde Elévation.

Recevez ô mon Dieu, cette Offrande du corps & du Sang de votre Fils; & rendez-moi participant des merites de sa mort. Père céleste, avec lui, par lui & en lui à vous appartient toute la gloire & la louange.

Au Pater Noster.

Il faut dire: Notre Père qui êtes dans les Cieux. &c.

Après le Pater.

Délivrez-nous, Seigneur

par votre bonté, de tous les maux passés, présens & à venir & assistez-nous du secours de votre miséricorde, afin que nous ne soyons jamais esclaves du péché.

*A l'*Agnus Dei.

Agneau de Dieu, qui effacez les péchés du monde, ayez pitié de nous.

Agneau de Dieu, qui effacez les péchés du monde, ayez pitié de nous.

Agneau de Dieu, qui effacez les péchés du monde, donnez-nous la paix.

Au Domine non sum dignus.

Seigneur, je ne suis pas digne que vous entriez dans mon cœur; mais vous pouvez me délivrer de mon indignité, dites seulement une parole, & mon ame sera guérie.

O mon doux Jesus : qui désirez si ardemment de vous unir à nous, je vous ouvre mon cœur, pour vous y recevoir comme mon Sauveur & mon Dieu

Lorsque le Prêtre communie.

Que votre Corps, ô mon divin Rédempteur, & votre

Sang précieux purifient mon corps & mon ame : qu'ils me fortifient & me nourrissent sur la terre, jusqu'à ce que je sois rassasié de votre présence dans le Ciel.

Après la Communion.

Mon Dieu, ne laissez pas rentrer dans mon ame le péché que vous y avez détruit par le Baptême. Que Jesus Christ mon Sauveur vive toujours en moi, & que je sente sa divine présence, en faisant des actions conformes à celles qu'il a faites lorsqu'il étoit sur la terre.

A la Bénédiction.

Que Dieu Tout-Puissant nous bénisse, le Père, le Fils & le Saint-Esprit. Ainsi soit-il.

A l'Évangile selon Saint Jean.

Jesus mon Sauveur, vous êtes le Fils unique de Dieu; vous êtes Dieu comme le Père & le S. Esprit: cependant pour nous sauver vous êtes venu au monde, vous avez souffert la mort, vous vous rendez présent sur le saint Autel. O que vous nous aimez parfaitement ! Je veux aussi vous aimer de tout mon cœur, & vous servir tous les jours de ma vie. Ainsi soit-il.

www.ingramcontent.com/pod-product-compliance
Lightning Source LLC
Chambersburg PA
CBHW060910050426
42453CB00010B/1633